AF382901

GAGNER EN VISIBILITÉ

Développer sa marque personnelle

Par Benjamin Fléron

50MINUTES.fr

GAGNER EN VISIBILITÉ

- **Problématique ?** Comment se valoriser sur le marché de l'emploi en soignant sa réputation numérique grâce au *personal branding* ou « marketing personnel » ?
- **Utilité ?** Se démarquer de la concurrence, asseoir sa notoriété dans son secteur d'activité et accroître ses chances d'attirer des employeurs et des clients potentiels.
- **Contexte professionnel ?** Relations professionnelles, ressources humaines, marketing, gestion de carrière.
- **FAQ ?**
  - Quelles sont les règles d'or pour développer efficacement ma marque personnelle ?
  - Quels avantages tirer du personal branding si j'ai déjà un travail ?
  - Comment m'assurer de créer un personal branding cohérent ?
  - Quels sont les outils indispensables à la mise en place d'un personal branding ?
  - Quelles sont les erreurs à ne surtout pas commettre sur les réseaux sociaux ?

° <u>Que faire si, après avoir commis une erreur, je possède maintenant une mauvaise réputation ?</u>

Pour toute entreprise désireuse de se faire une place dans un monde professionnel de plus en plus concurrentiel, se positionner sur Internet et sur les médias sociaux apparaît aujourd'hui comme une obligation. Mais qu'en est-il de notre réputation personnelle ?

Si l'on en croit le site spécialisé dans la recherche d'emploi CareerBuilder, les recruteurs sont nombreux à mener une rapide enquête sur les postulants en tapant leur nom dans Google. Plus largement, cette tendance de la « googlisation » est également suivie par un grand nombre de particuliers à la recherche d'un service. Que l'on ait besoin d'un plombier ou de commander une pizza, notre premier réflexe est bien souvent d'ouvrir une nouvelle page internet. Commentaires de clients sur la prestation fournie, critiques de consommateurs sur la qualité du service, recommandations de spécialistes du domaine ou encore clarté de l'information deviennent alors autant d'éléments déterminants lorsque vient le temps d'arrêter notre choix sur un prestataire.

Développer une stratégie de communication web adaptée pour se construire la meilleure identité numérique possible, en bref le personal branding, peut dès lors se révéler un excellent investissement. En 50 minutes, vous découvrirez tous les secrets de ce marketing personnel afin de transformer votre e-réputation en atout de vente.

B.A.-BA DU PERSONAL BRANDER

LE PERSONAL BRANDING EN QUELQUES MOTS

Apparu pour la première fois en 1981 dans *The Battle for Your Mind* d'Al Ries et de Jack Trout, le concept de personal branding a depuis été conceptualisé par de nombreux spécialistes dont les Américains Tom Peters dans les années quatre-vingt-dix et William Aruda et Peter Montoya dans les années 2000.

Aussi connu sous l'appellation « marketing personnel », le personal branding consiste à appliquer à un particulier les techniques de communication et de marketing généralement utilisées pour promouvoir un produit ou une entreprise. De la sorte, l'individu devient sa propre marque. L'objectif de la démarche est d'inciter les clients ou les employeurs potentiels à s'adjoindre les services de l'un et pas ceux d'un autre. Ce qui importe alors ce n'est donc plus tant le produit proposé ou le service offert par la personne en question, mais bien sa réputation et son identité professionnelle. Celles-ci se créent et se diffusent principalement par le biais d'Internet et de ses leviers de communication préférentiels que sont les différents médias sociaux.

Mais comment devenir son propre objet marketing ? Quelles sont les étapes à respecter pour se démarquer de ses concurrents et se rendre attractif aux yeux des prospects ? Quels sont les outils mis à disposition pour réussir pareille entreprise ? Enfin, quelles sont les erreurs à ne pas commettre pour éviter de voir ses efforts réduits à néant ?

POURQUOI DÉVELOPPER SON PERSONAL BRANDING ?

Peut-être faites-vous partie de ceux qui ne perçoivent pas l'utilité du personal branding, partant du principe que ce sont vos services et non votre image personnelle qui doivent convaincre vos potentiels clients et employeurs de faire appel à vous ? Si tel est votre cas, sachez que les deux approches ne sont pas incompatibles.

En effet, apprendre à se mettre en valeur, c'est aussi apprendre à valoriser ses compétences professionnelles, ses produits et ses services. Les avantages concrets du personal branding devraient convaincre les plus sceptiques d'entre vous et conforter les autres dans leur choix :

- **promouvoir ses activités et son savoir-faire.** À quoi bon être le meilleur dans votre domaine si personne ne le sait ? En créant votre identité numérique, vous informez le monde de votre existence, vous lui proposez vos services et mettez à sa disposition vos compétences ;
- **décrocher des contrats.** Les personnes qui recherchent un spécialiste dans votre domaine feront davantage appel à vous si vous leur apparaissez comme un expert en la matière, reconnu par ses pairs et recommandé par ses clients. Une bonne critique, un commentaire pertinent, un article intéressant, etc. sont autant d'éléments susceptibles de convaincre les consommateurs que vous êtes l'homme de la situation ;
- **faciliter les démarches de recherche d'emploi.** L'un des premiers réflexes des recruteurs est de chercher sur Google le nom des postu-

lants. Les informations, ou l'absence d'informations, qu'ils découvrent peuvent aussi bien disqualifier un CV pourtant attrayant qu'attirer l'attention sur un candidat plutôt commun. Accordez à votre e-réputation l'importance et l'attention qu'elle mérite. Vous augmenterez ainsi vos chances de décrocher des entretiens, parfois même sans avoir à postuler ;

- **cultiver son réseau professionnel.** Que vous soyez indépendant ou salarié, que vous ayez un emploi ou non, développer son réseau professionnel – via la pratique du networking – est essentiel. Avec elle, vous maximiserez vos chances de vous sortir d'une mauvaise passe et multiplierez les opportunités intéressantes. De plus, asseoir votre réputation, y compris auprès de vos confrères, vous valorisera auprès des clients et des employeurs potentiels ;

- **se démarquer de ses concurrents.** Dans un monde professionnel où la concurrence fait rage dans presque tous les secteurs d'activité, il est indispensable de sortir du lot afin de ne pas se retrouver noyé dans la masse. Se démarquer de ses concurrents pour mieux marquer les esprits et donc mieux se vendre, c'est justement l'objectif du personal branding ;

- **apprendre à mieux se connaître.** Une des principales lois du marketing consiste à connaître les différentes spécificités du produit ou du service pour en assurer une promotion efficace. Dès lors, si vous souhaitez que la stratégie de votre marque personnelle porte ses fruits, intéresserez-vous à votre personne de manière à mettre en avant vos qualités, vos compétences et vos talents, en plus des motivations profondes qui vous animent. Avant d'apprendre à vous faire connaître, vous allez donc devoir apprendre à vous connaître.

QUI SUIS-JE ? UN PRODUIT UNIQUE À PROMOUVOIR

Nous l'avons vu, le personal branding repose sur les principes du marketing d'entreprise appliqués à l'individu. Il n'est donc pas surprenant de faire appel aux techniques habituellement utilisées dans ce domaine pour mettre en place un marketing personnel adéquat. Ainsi, l'outil d'analyse SWOT se montre des plus efficaces en la matière. Mais de quoi s'agit-il exactement ?

Acronyme formé des initiales de *Strengths* (forces), *Weaknesses* (faiblesses), *Opportunities* (opportunités) et *Threats* (menaces), le SWOT est généralement utilisé en marketing pour réaliser l'audit d'une entreprise. En répondant à une série de questions afférentes à chacun de ces quatre axes d'analyse (les spécificités de son secteur, ses atouts, ses points d'amélioration, etc.), on identifie en effet les options stratégiques de la société.

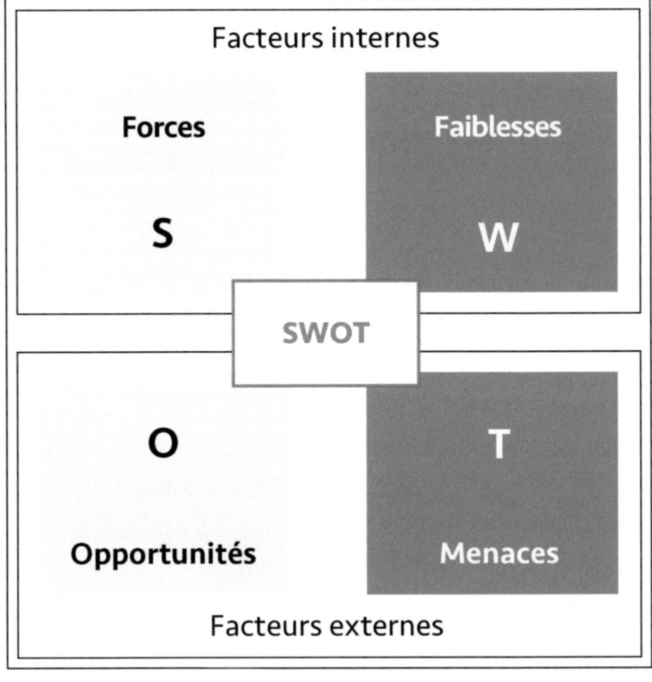

Familiarisez-vous à cet outil d'aide à la décision afin d'effectuer votre propre audit personnalisé. Vous obtiendrez ainsi les réponses à des questions qu'il est impératif de se poser pour développer un personal branding efficace et cohérent :

- **Quels sont vos points forts et vos points faibles ?** Quels sont vos atouts ? En quoi êtes-vous spécialisé ? Qu'est-ce qui vous distingue des autres professionnels du secteur ? Peut-être est-ce votre expérience ? Ou bien votre maîtrise d'une compétence particulière que peu de concurrents possèdent ? Sur quelles valeurs personnelles porteuses et sur quels traits de caractère positifs pouvez-vous construire et appuyer votre personal branding ? À l'inverse, quels sont vos points d'amélioration ? Une qualification nécessaire vous fait-elle défaut ? Peut-être ne maîtrisez-vous pas une langue, un logiciel ou une législation spécifique particulièrement utile dans votre domaine ? Découvrir vos différentes forces et faiblesses vous aidera à déterminer quelles compétences et quels traits personnels promouvoir afin de vous construire une image de marque originale et identifiable au premier coup d'œil.

- **Quelles opportunités distinguez-vous ?** Votre domaine d'activité est-il en pleine mutation ? L'apparition de nouvelles technologies crée de nouveaux emplois prometteurs pour lesquels vous êtes qualifié ? Une compétence que vous maîtrisez revient au goût du jour, vous donnant l'occasion de vous faire connaître en proposant des formations ? N'attendez pas que les opportunités se présentent à vous, envisagez plutôt la situation à rebours : partez de vos capacités et demandez-vous de quelle manière les rentabiliser afin de créer votre propre chance. Gardez un œil les évolutions et les dernières avancées réalisées dans votre secteur. En montant dans le bon wagon, vous laisserez peut-être définitivement à quai vos concurrents.

- **Quelles sont les menaces susceptibles de vous barrer la route ?** Votre secteur évolue-t-il rapidement, vous obligeant à rester en alerte sous peine de vous retrouver dépassé ? Peut-être, au contraire, n'évolue-t-il plus du fait des avancées technologiques ? Votre domaine rencontre-t-il une trop grande concurrence ? Si vous sentez que vous ne parvenez plus à suivre l'évolution de votre secteur d'activité, pourquoi ne pas vous recentrer sur un segment du marché que vous maîtrisez particulièrement bien ? Les micromarchés sont souvent délaissés par les grandes entreprises qui visent un public large et diversifié. Peut-être y trouverez-vous votre bonheur ?

Au-delà du SWOT

Dans le cadre du développement de votre marque personnelle, il apparaît nécessaire de dépasser l'analyse du SWOT. Dès lors, posez-vous ces questions supplémentaires :

- Quels sont vos objectifs ? Il s'agit de la question la plus importante puisque sans objectif à atteindre, vous n'avez aucun intérêt à mettre en place une stratégie de communication. Vous souhaitez décrocher un nouvel emploi ? Négocier de meilleurs contrats ? Développer votre réseau professionnel ? Vous faire connaître de la clientèle ? Une fois votre objectif défini, il deviendra votre fil conducteur durant la création de votre personal branding.
- Quelles sont vos cibles ? Si vous cherchez à décrocher un nouvel emploi, les recru-

teurs, les employeurs potentiels et les responsables des ressources humaines représentent vos cibles principales. Si vous souhaitez attirer de nouveaux clients et signer plus de contrats, ce sont lesdits clients que vous devez viser en priorité. Enfin, si vous cherchez à développer votre réseau professionnel, les différents acteurs de votre domaine d'activité doivent se trouver au cœur de vos préoccupations.

- Comment vous représentez-vous votre future marque ? Que représentez-vous ? Quelle image de vous et de votre entreprise souhaitez-vous véhiculer ? Dans quel domaine désirez-vous être connu comme expert ? Quelle est votre réputation actuelle ? La marque personnelle que vous développerez dépend de vos réponses. Son objectif premier consiste, certes, à vous différencier des autres pour vous illustrer auprès de votre cible, mais pas à n'importe quel prix. Cela ne vous servirait à rien de vous démarquer s'il s'agit de transmettre des valeurs qui ne vous correspondent pas. Il est donc essentiel de savoir d'où vous venez, autrement dit

> la réputation que vous avez aujourd'hui,
> et où vous allez, soit l'identité que vous
> souhaitez construire et promouvoir.

Maintenant que vous discernez clairement vos aspirations, vos atouts et vos faiblesses, ce qui vous rend unique, et savez quelle image vous souhaitez véhiculer et à destination de qui, il est temps de vous approprier les différents outils sociaux mis à votre disposition sur Internet afin de les employer à bon escient.

QUELS OUTILS POUR QUELS USAGES ?

Le Web 2.0 regorge de médias sociaux sur lesquels promouvoir votre marque personnelle, entretenir votre réputation numérique et mettre en avant vos réalisations et propositions de valeur. Cependant, ces différents outils n'ont pas la même utilité et il importe d'apprendre à s'en servir correctement.

Viadeo et LinkedIn, les incontournables

Ces plates-formes sociales sont les seules sur lesquelles il est impératif d'être présent. Il n'est pas indispensable de posséder un compte sur les deux, un profil LinkedIn est amplement suffisant (et incontournable). Réseaux sociaux professionnels, LinkedIn et Viadeo servent à augmenter votre visibilité professionnelle et à développer votre carnet de contacts en liant votre profil à ceux d'autres membres. On peut les considérer comme des foires à l'emploi numériques. Penser votre profil sur ces réseaux comme un CV amélioré vous préservera d'erreurs malvenues. Ainsi, inscrivez-y uniquement des informations directement liées à votre expérience professionnelle ou à vos objectifs en la matière, et gardez le reste pour d'autres réseaux sociaux. Suivez la même logique concernant les personnes qui demandent à rejoindre votre réseau, n'acceptez que celles qui ont un lien avec votre projet ou votre secteur d'activité.

Facebook, entre page professionnelle et programme publicitaire

Dans l'imaginaire général, Facebook est le média social personnel par excellence, un espace de détente virtuel entre amis. Vous pouvez néanmoins l'utiliser dans une optique de personal branding en créant une page professionnelle ou en alimentant votre page personnelle de contenus ayant trait à votre secteur d'activité. Facebook possède également l'avantage de disposer de son propre programme publicitaire. Moyennant une compensation financière, il ciblera pour vous les utilisateurs susceptibles d'être intéressés par vos services en fonction de leurs centres d'intérêt et de leur comportement sur le réseau. Attention néanmoins aux dangers inhérents à Facebook, comme les photos de soirée postées sans votre accord par vos contacts, ou les commentaires qui pourraient vous porter préjudice. Si Facebook reste le leader incontesté des réseaux sociaux, il est suivi de près par d'autres, Instagram et Twitter en tête (COËFFE (Thomas), « La carte des réseaux sociaux les plus populaires. Été 2015 », in *Blog du modérateur*, septembre 2015).

Twitter, outil de veille et de l'instantané

Réseau de veille professionnelle, Twitter vous sera très utile si vous désirez rester en contact permanent avec votre secteur d'activité et ses acteurs, vous tenir au courant de l'actualité, la commenter et partager vos impressions. À l'instar de Facebook, Twitter offre la possibilité de promouvoir vos services par le biais, entre autres, des tweets sponsorisés, et d'analyser ensuite les retombées de votre campagne promotionnelle grâce à son outil d'analyse de statistiques. Davantage que son grand concurrent, Twitter représente le réseau de l'instantané et du dialogue entre une marque ou une entreprise et ses clients, il exige donc une grande réactivité et une implication continue. Mais, si posséder un compte Twitter implique une omniprésence de votre part, ce sacrifice peut être très bénéfique en termes de notoriété, puisqu'il invite à l'échange et donne l'impression aux utilisateurs d'être considérés par la marque. Ainsi, nombre de compagnies ont bénéficié d'un regain de popularité simplement en interagissant avec ses usagers sur ce réseau.

LE MOT POUR RIRE

Employez l'humour dans vos tweets et autres publications. Ce mécanisme universel vous aidera à toucher un maximum de clients potentiels qui se sentiront proches de votre marque. Évitez cependant le cynisme et l'humour noir, parfois mal reçu par le public.

YouTube, pour divulguer ses capsules vidéo

Hébergeur de vidéos, YouTube est parfaitement adapté pour publier vos interviews, conférences et autres interventions publiques filmées, mais également pour partager vos formations et tutoriels ou encore vos films, si vous êtes vidéaste. À noter toutefois que vous devez assurer un certain rythme de parution de vidéos si vous voulez développer un personal branding efficace et fonder une communauté soudée autour de votre marque. Cette plate-forme ne constitue pas l'outil le plus approprié en la matière, sauf pour les passionnés de vidéo.

Instagram, Flickr et Pinterest, ou la communication par les images

Ces réseaux de partage d'images sont destinés aux photographes professionnels exposant leurs œuvres, mais également à toute personne désirant publier des photos de ses produits, services ou activités.

- Racheté par Facebook en 2012, Instagram offre les mêmes services de publicité en ligne que celui-ci, et propose en outre des fonctionnalités inédites et intéressantes à bien des égards. Ainsi, les entreprises et annonceurs peuvent désormais inclure à leur campagne promotionnelle différentes icônes destinées à faciliter les conversions. Deux d'entre elles, intitulées *sign up* et *learn more*, permettent ainsi aux visiteurs de suivre le compte de leur choix en un simple clic et d'obtenir des informations sur la marque ou l'entreprise de ce dernier en se voyant rediriger vers son site Internet.

- Lancé en 2010 par les Américains Paul Sciarra, Evan Sharp et Ben Silbermann, Pinterest mélange les concepts de réseautage social et de publication de contenu multimédia. Il permet à ses utilisateurs de partager leurs centres d'intérêt à travers des photos, des vidéos ou des illustrations. Notons que l'aspect vie privée est quasiment inexistant ici. L'inscription peut se faire à partir d'un compte Facebook si l'on en possède un.

WordPress et Blogger, des articles pour asseoir son expertise

Ces deux formats de blog sont les plus populaires, car très faciles d'usage et personnalisables selon les envies et les besoins. Idéal pour rédiger des articles et échanger vos opinions sur les sujets afférents à votre domaine d'activité, le blog représente sans doute l'outil social du Web 2.0 le plus efficace dans une optique de personal branding. Toutefois, s'il s'agit de la meilleure vitrine possible dans laquelle exposer votre identité numérique, elle est aussi la plus contraignante, car elle suppose un investissement en temps très important.

Le site pour garantir sa crédibilité professionnelle

Si WordPress et Blogger peuvent s'y substituer en partie en vous proposant beaucoup d'options intéressantes en termes de design, de mise en page et de contenu, la création d'un site internet personnel pensé en fonction de vos attentes vous garantira une liberté de mouvement inégalable ainsi qu'une grande crédibilité professionnelle, pourvu que la navigation y soit fluide et confortable et le contenu de qualité. Gardez toutefois à l'esprit qu'à l'inverse d'une inscription sur les réseaux sociaux, la création d'un site web personnalisé exige du temps et de véritables compétences techniques. Il existe évidemment des agences spécialisées dans leur conception, mais les solliciter représente un coût non négligeable. À vous de voir si vous souhaitez et pouvez supporter pareil investissement.

PRUDENCE

L'utilisation des réseaux sociaux nécessite une grande prudence et un parfait équilibre entre les informations personnelles et privées, car toutes ne doivent pas être partagées. Faites le tri entre celles qui contribueront à votre réussite et celles qui vous discréditeront. De plus, n'acceptez pas n'importe qui lors du développement de votre réseau : n'entretenez des relations qu'avec les personnes qui appartiennent à votre cercle professionnel pour vous gagner en crédibilité.

LES ERREURS À NE PAS COMMETTRE

- **Publier tout et n'importe quoi sans réfléchir aux éventuelles conséquences.** Qui n'a jamais entendu parler de ces employés mis à pied pour un commentaire déplacé ou une photo de mauvais goût publiée sur les réseaux sociaux ? N'oubliez jamais que tout ce que vous écrivez sur ces médias est conservé, alors réfléchissez à deux fois avant d'y livrer vos états d'âme. Il n'est bien sûr pas question de donner l'image d'un individu lisse et sans conviction, mais bien d'analyser les potentielles retombées professionnelles que vos publications pourraient engendrer. Pesez soigneusement le pour et le contre avant d'exprimer vos opinions sur Internet, même lorsque celles-ci ne semblent *a priori* pas liées à votre domaine d'activité. Ne prenez pas le risque de vous retrouver sans emploi ou de passer à côté de contrats potentiels si le jeu n'en vaut pas la chandelle.
- **Mentir ou travestir la vérité.** Exagérations et petits mensonges valorisants ne sont pas rares en entretien d'embauche. Pourtant pareille pratique est fortement déconseillée, car très risquée, surtout à l'heure d'Internet. Gardez à

l'esprit que tout ce que vous publiez reste gravé sur la Toile et accessible à chacun. Ne commettez donc pas l'erreur de mentir sur votre parcours professionnel ou de mentionner des compétences fantômes, sous peine de subir un douloureux retour de bâton. Montrez-vous le plus honnête possible afin de vous épargner une mauvaise réputation numérique dont vous aurez bien du mal à vous débarrasser.

- **Entretenir le flou sur ses compétences et les services que vous proposez.** Nombreuses sont les personnes qui tombent dans ce piège. Désireuses de garder toutes les portes ouvertes, elles évitent de se montrer trop spécifiques quant à leurs qualifications et les services qu'elles proposent, quand elles ne se prétendent pas spécialistes en tout pour couvrir un maximum de possibilités. Il est préférable de limiter votre offre à deux ou trois domaines de compétence que vous maîtrisez bien plutôt que de vous éparpiller au risque de fournir un service de moindre qualité. Un prospect préférera toujours engager un véritable spécialiste dans un domaine qu'un touche-à-tout qui se débrouille.

- **Vouloir obtenir des résultats tout de suite.** Si l'on peut rapidement influer sur son identité numérique en opérant de petites retouches de-ci de-là, les changements importants prendront inévitablement plus de temps à se dessiner et à produire des résultats concrets. De fait, la construction d'une e-réputation s'apparente bien plus à une course de fond qu'à un sprint. Une notoriété s'entretient et demande un investissement constant et régulier.

MAINTENANCE ET VEILLE

Le développement de votre marque personnelle ne se réalise pas en quelques jours. Afin de devenir une vraie référence, surveillez vos concurrents et actualisez régulièrement votre site et vos informations sur les réseaux sociaux.

- **Manquer d'humilité.** Puisque le personal branding consiste à se valoriser, exposez vos réussites professionnelles. Une interview de vous sur un blog spécialisé et reconnu, des photos d'une conférence que vous avez animée, un article sur une récompense que vous avez remportée, etc. constituent autant d'éléments positifs sur lesquels vous appuyer pour promouvoir votre image. Cependant, n'oubliez jamais que la frontière entre fierté légitime et fanfaronnade mal placée reste fine et que personne n'apprécie les vantards imbus d'eux-mêmes. Ne sombrez donc pas dans l'autosatisfaction perpétuelle au risque de devenir antipathique aux yeux de votre cible. Pour éviter de véhiculer cette image, pensez notamment à remercier ceux qui vous ont épaulé dans votre parcours, sans pour autant vous dévaloriser, car vous avez provoqué vous-même votre chance.

TOP CONSEILS

- **Googlez-vous régulièrement.** Jouez le rôle d'un recruteur ou d'un client potentiel et menez l'enquête sur votre profil afin de l'actualiser et de corriger d'éventuelles coquilles numériques susceptibles de vous nuire. Ne vous contentez pas de vérifier les premiers liens dégagés par le moteur de recherche, mais poussez vos investigations jusqu'à vous assurer qu'aucun élément dommageable ne subsiste : photos compromettantes ou peu à votre avantage sur Google Images, échanges de tweets scabreux avec un vieil ami, commentaires mal orthographiés remontant à votre adolescence, etc. Google délivre à votre sujet des informations certes professionnelles, mais également personnelles. Assurez-vous simplement que ces dernières ne nuisent pas à votre e-réputation auquel cas il est impératif que vous les supprimiez sans tarder. Effacer des informations publiées par vos soins vous réclamera peu d'efforts pour autant que vous disposiez toujours des accès du compte. À l'inverse, la situation risque de se compliquer si elles ont été postées par un tiers. Demandez alors à la personne concernée de procéder elle-même à la suppression du message incriminant. En dernier recours, contactez Google et réclamez-lui d'éliminer les résultats compromettants de son service de recherche. Sachez toutefois que Google se réserve le droit de refuser toute demande de suppression s'il considère les informations non personnelles.

- **Achetez un nom de domaine à votre patronyme.** N'attendez pas d'avoir clairement défini votre identité numérique pour cela, passez plutôt à l'action avant qu'un homonyme ne vous coupe l'herbe sous le pied. Pour ce faire, rien de plus facile : une simple recherche internet vous guidera vers des registres accrédités par des organisations en charge de la gestion des noms des domaines (DNS Belgium, AFNIC en France, etc.). Ces services vérifieront la disponibilité du nom que vous souhaitez réserver avant de vous orienter, si nécessaire, vers un agent d'enregistrement agréé. Pour moins d'une dizaine d'euros par an, l'investissement se révélera des plus rentables quand vous serez enfin prêt à vous lancer : votre crédibilité se trouvera renforcée, ainsi que votre référencement dans les moteurs de recherche, améliorant ainsi votre visibilité sur Internet. Même si vous ne souhaitez pas créer de site, ou que vous ne savez pas encore comment l'enrichir, vous vous protégerez d'éventuelles mésententes : un autre professionnel portant le même nom que vous peut choisir de se positionner sur Internet, ce qui risquerait alors d'induire en erreur les clients et recruteurs qui voudraient enquêter sur vous. Ne craignez pas de faire mauvaise impression en laissant au vu de tous un site vide de contenu puisqu'il n'apparaîtra aux yeux des internautes que lorsque vous l'aurez décidé.

BIEN CHOISIR SON ADRESSE E-MAIL

Ce conseil peut paraître évident, mais préférez une adresse e-mail avec votre nom et prénom complet telle que *anna.lefas@ gmail.fr* plutôt que *chabichou94@gmail.fr* qui mettrait à mal votre crédibilité professionnelle.

- **Ne cherchez pas à être omniprésent.** Votre présence sur Internet est indispensable, mais n'ouvrez pas un compte sur tous les médias sociaux pour autant, surtout si vous laissez la moitié d'entre eux à l'abandon quelques semaines après. Envisagez chacun des outils à la lumière de votre domaine d'activité et des services que vous proposez afin d'exploiter les plus adaptés. Ainsi, un photographe professionnel préférera créer un compte Pinterest, Tumblr ou Instagram pour y afficher ses clichés, tandis qu'un rédacteur web n'y verra certainement aucun intérêt, et choisira le blog plus approprié à ses besoins et à ses talents rédactionnels.

- **Soyez actif et régulier.** Si vous décidez de créer un blog ou de tenir un compte Twitter ou Facebook, définissez un rythme de publication en fonction de votre temps libre et faites en sorte de vous y tenir. Inutile de poster du contenu inédit tous les jours, mais veillez à ce que votre site ne paraisse pas à l'abandon, au risque de voir votre initiative se retourner contre vous. Ne vous limitez pas non plus à votre site ou à vos pages personnelles. Visitez les blogs de vos collègues et confrères et intervenez sur leurs publications, commentez leurs articles, partagez leurs tweets intéressants, etc. Non seulement, ils vous renverront certainement l'ascenseur, mais en plus vous vous faites indirectement connaître de leurs lecteurs et abonnés en intervenant en votre nom dans les discussions et débats en cours. Vous ferez ainsi d'une pierre deux coups.

- **Soignez votre photo de profil.** Réussir votre première impression, c'est déjà parcourir la moitié du chemin. Pensez dès lors à sélectionner une photo de profil qui vous avantage et adaptez celle-ci à votre secteur d'activité : ne posez pas en costume trois-pièces, si vous recherchez un emploi comme technicien de maintenance ; évitez les postures artificielles des photos d'identité qui vous donnent l'air rigide et austère ; choisissez une image originale, vous représentant en plein travail par exemple. Ainsi, un conférencier optera pour une jolie photo de lui, micro en main, tandis qu'un contremaître se présentera en bleu de travail, casque vissé sur le crâne, et qu'un architecte s'illustrera penché sur sa table de travail, entouré de plans. Au besoin, sollicitez un photographe professionnel afin de recréer un environnement de travail authentique.

- **Restez vous-même.** Le but du personal branding consiste à valoriser votre différence. Personne n'est parfait et les gens qui le prétendent ne sont pas les plus intéressants. Ces derniers auront même plutôt tendance à repousser les clients potentiels, qui supportent peu la suffisance et la fatuité. Soyez fidèle à vous-même et à vos valeurs : les gens ne s'y tromperont pas et vous accorderont leur confiance plus facilement. De plus, afin que votre identité gagne en crédibilité, veillez à sa cohérence. Restez authentique, vous n'en serez que plus attractif et populaire.

FAQ

QUELLES SONT LES RÈGLES D'OR POUR DÉVELOPPER EFFICACEMENT MA MARQUE PERSONNELLE ?

Dans son ouvrage *Personal Branding, le moi-perso-je comme marque !*, Philippe Buschini, spécialiste de l'e-réputation, identifie huit lois (reprises des concepts de Peter Montoya) réparties en trois étapes :

Vous découvrir : vous connaître	
1. La spécialisation	Communiquez sur une seule de vos forces et ne vous éparpillez pas. Mieux vaut être spécialisé dans un domaine que de se débrouiller dans plusieurs.
Construire votre image : vous faire connaître	
2. Le leadership	C'est la dimension « réputation » de votre marque personnelle. Il ne s'agit pas seulement d'être connu, mais bien reconnu par vos confrères et votre entourage.
3. La personnalité	Votre marque personnelle doit se baser sur votre personnalité. Restez authentique, inutile d'essayer de prouver que vous êtes parfait.
4. La différenciation	Pour que votre *personal branding* soit efficace, démarquez-vous. Affichez clairement votre différence.

Vous faire reconnaître : consolider votre réputation	
5. La visibilité	Pour être connu, il faut être vu. Utilisez les réseaux sociaux et autres outils à portée de main.
6. La cohérence	Il ne doit pas exister de décalage entre votre personnalité et votre marque, car votre crédibilité en dépend.
7. La ténacité	Développer sa marque prend du temps. Soyez patient et travaillez dessus régulièrement, vous en récolterez les fruits assez tôt.
8. La bienveillance	Pour toucher votre cible, associez votre marque à une valeur ou une idée reconnue comme positive.

QUELS AVANTAGES TIRER DU PERSONAL BRANDING SI J'AI DÉJÀ UN TRAVAIL ?

Les bénéfices du personal branding sont multiples quel que soit votre statut professionnel.

En période de crise économique, il s'avère particulièrement salutaire d'entretenir son réseau professionnel et son image de marque, car nul ne sait de quoi l'avenir est fait. De même, que vous possédiez un emploi stable ou non, vous restez ainsi ouvert aux opportunités qui pourraient se présenter à vous.

COMMENT M'ASSURER DE CRÉER UN PERSONAL BRANDING COHÉRENT ?

Le personal branding vise à vous valoriser, mais pas de n'importe quelle manière. En effet, pour être efficace, votre marque personnelle doit refléter votre identité et répondre à vos objectifs professionnels. Pour vous assurer de ne pas faire fausse route, pensez à réaliser régulièrement votre propre audit personnalisé via l'outil d'analyse SWOT. Vos aspirations et vos objectifs ont-ils évolué ? Qu'en est-il de vos forces et de vos faiblesses depuis votre dernier check-up ? Au besoin, demandez à votre entourage s'il vous reconnaît dans votre communication web.

QUELS SONT LES OUTILS INDISPENSABLES À LA MISE EN PLACE D'UN PERSONAL BRANDING ?

Internet met à votre disposition un grand nombre de médias sociaux utiles dans une optique de personal branding. Cependant, tous ne sont pas indispensables. Appropriez-vous uniquement ceux qui porteront votre projet. Parmi les principaux médias sociaux, on retrouve :

- LinkedIn/Viadeo pour augmenter votre visibilité et développer votre réseau professionnel ;
- Twitter, qui permet d'effectuer une veille professionnelle, de commenter l'actualité, d'échanger brièvement et de rester en contact avec les acteurs d'un domaine ;
- Facebook afin de poster du contenu dans un cadre léger, moins associé au milieu professionnel ;
- YouTube/Instagram/Flickr/Pinterest, qui servent à publier et à partager du contenu multimédia (vidéos, photos, dessins, etc.) ;
- WordPress/Blogger pour rédiger des articles détaillés et échanger des opinions et des points de vue.

QUELLES SONT LES ERREURS À NE SURTOUT PAS COMMETTRE SUR LES RÉSEAUX SOCIAUX ?

Internet est parfois cruel. De fait, si vous construire une bonne réputation sur le Web demande beaucoup de temps et d'efforts ainsi qu'une attention de tous les instants, quelques secondes suffisent pour la réduire en cendres et anéantir tout votre travail. Évitez de mentir sur votre profil, vos talents et votre CV, car si cela s'évente, votre réputation en pâtira. Réfléchissez à deux fois avant de publier une information, elle doit toujours refléter une image positive pour votre marque.

QUE FAIRE SI, APRÈS AVOIR COMMIS UNE ERREUR, JE POSSÈDE MAINTENANT UNE MAUVAISE RÉPUTATION ?

Malheureusement, le mal est fait et vous ne pouvez revenir en arrière. Veillez néanmoins à ne pas vous enfoncer davantage : si vous avez menti au sujet de votre parcours professionnel et que vous avez été confondu par un internaute attentif, n'en rajoutez pas une couche en mentant à nouveau pour vous couvrir. Si vous vous êtes montré un peu trop virulent et agressif envers un client mécontent, stoppez les machines tant qu'il est encore temps. Soyez honnête, faites amende honorable et essayez de passer à autre chose. Si d'aucuns ne vous pardonneront jamais, un *mea culpa* bien formulé peut vous valoir l'absolution de bien des personnes. Après tout, qui n'a jamais fauté ?

À VOUS DE JOUER !

Vous détenez désormais toutes les clés pour transformer votre personne en une véritable marque, cohérente et efficace, recommandée par vos clients, appréciée de vos pairs et prisée des recruteurs. Alors, lancez-vous !

Inspirez-vous de la démarche que nous vous recommandons pour faciliter votre personal branding. Ce que vous en ferez ensuite ne tient qu'à vous.

Qui suis-je ?

Un produit unique à promouvoir

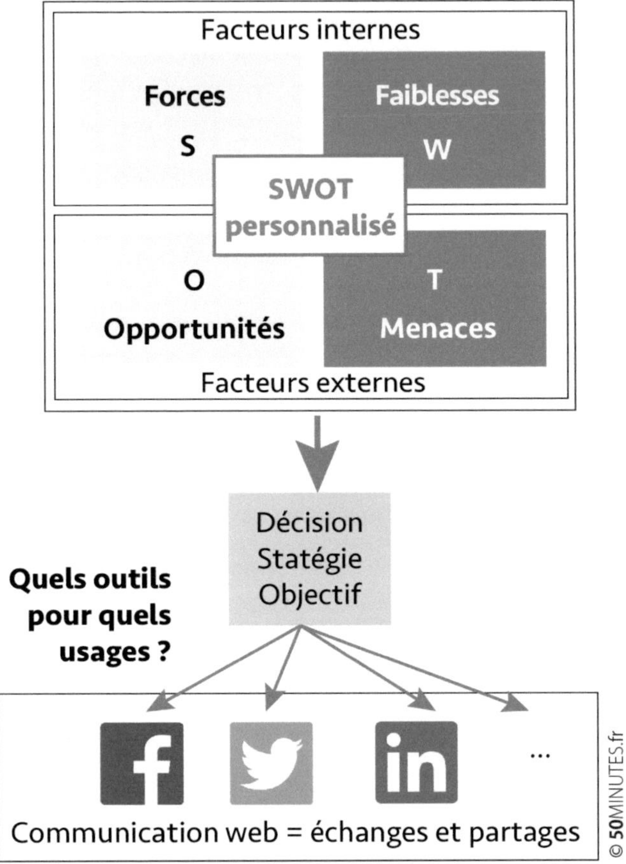

Votre avis nous intéresse !
Laissez un commentaire sur le site de votre
librairie en ligne et partagez vos coups de cœur sur
les réseaux sociaux !

POUR ALLER PLUS LOIN

SOURCES BIBLIOGRAPHIQUES

- « Analyse SWOT, outil d'audit marketing », in *Succès Marketing*, consulté le 6 septembre 2015. http://www.succes-marketing.com/management/analyse-marche/analyse-swot

- BAHROUN (Allan), « Personal branding : nouveaux héros, nouveaux sujets », in *Marketing-Professionnel.fr*, octobre 2012, consulté le 5 septembre 2015. http://www.marketing-professionnel.fr/parole-expert/personal-branding-nouveaux-heros-sujets-201210.html

- BAUMEISTER (Pascale), *Révéler sa véritable personnalité avec le personal branding*, Paris, Leduc.s Éditions, 2011.

- BUSCHINI (Philippe), *Personal Branding, le moi-perso-je comme marque !*, Europe, Transition Agile, 2009.

- CARSON (Erin), « Your Linkedin Personal Brand: 6 Tips to Build a Strong One », in *TechRepublic*, mai 2014, consulté le 25 septembre 2015.

http://www.techrepublic.com/article/your-linke-din-personal-brand-6-tips-to-build-a-strong-one/

- « Choisir un réseau social adapté à son entreprise », in *CommentÇaMarche*, septembre 2015, consulté le 24 septembre 2015. http://www.commentcamarche.net/faq/40419-choisir-un-reseau-social-adapte-a-son-entreprise

- COËFFÉ (Thomas), « La carte des réseaux sociaux les plus populaires. Été 2015 », in Blog du modérateur, septembre 2015, consulté le 28 septembre 2015. http://www.blogdumoderateur.com/carte-reseaux-sociaux-ete-2015/

- JEAN (Maryline), « Le Personal Branding vu par Jean-Christophe Anna », in *Marketing-Professionnel.fr*, octobre 2012, consulté le 5 septembre 2015. http://www.marketing-professionnel.fr/tribune-libre/personal-branding-jean-chris-tophe-anna-201210.html

- PATENAUDE (Steve), « Développer votre réseau professionnel avec LinkedIn », in *Nmediasolutions*.com, 2013, consulté le 8 septembre 2015. http://www.nmediasolutions.com/publications/conseils/developper-reseau-professionnel-avec-linkedin

- « Plus de la moitié des recruteurs a déjà recherché un candidat sur les médias sociaux », in *Career Builder*, mai 2015, consulté le 8 septembre 2015.

  http://recruteur.careerbuilder.fr/actualites/recruteurs-cherche-des-candidats-sur-les-mediassociaux

- POULET (Patrice), « Renforcer son personal branding pour développer ses affaires avec les réseaux sociaux », in *Le grand blog de la vente*, septembre 2011, consulté le 8 septembre 2015. http://www.legrandblogdelavente.com/renforcer-son-personal-branding-pour-developper-ses-affaires-avec-les-reseaux-sociaux%E2%80%A6

- SAINT-MICHEL (Serge-Henri), « Dossier Personal Branding », in *Marketing-Professionnel.fr*, octobre 2012, consulté le 7 septembre 2015. http://www.marketing-professionnel.fr/parole-expert/dossier-personal-branding-201210.html

- SWIFT (Susan), « 5 astuces de personal branding à adopter illico », in *BusinessoFeminin.com*, juillet 2015, consulté le 5 septembre 2015. http://businessofeminin.com/5-astuces-de-personal-branding-a-adopter-illico/

- THIERS (Benjamin), « Personal Branding : parce que vous le valez bien ! », in *My community manager*, décembre 2014, consulté le 7 septembre 2015. http://www.mycommunitymanager.fr/personal-branding-parce-valez-bien/

- ZARA (Olivier), *Réussir sa carrière grâce au personal branding*, Paris, Eyrolles, 2009.

SOURCES COMPLÉMENTAIRES

- DO ESPIRITO (Thierry), *Développez votre marque personnelle*, Paris, Leduc.s Éditions, 2011.

- PATEL (Neil) et AGIUS (Aaron), « The Complete Guide To Building Your Personal Brand », in *Quicksprout.com*, consulté le 7 septembre 2015. https://www.quicksprout.com/the-complete-guide-to-building-your-personal-brand/